DE

L'EMPIRE OTTOMAN

ET

DE L'ÉQUILIBRE DE L'EUROPE.

A. ÉGRON, IMPRIMEUR
DE S. A. R. MONSEIGNEUR, DUC D'ANGOULÊME,
rue des Noyers, n° 37.

DE

L'EMPIRE OTTOMAN

ET

DE L'ÉQUILIBRE

DE L'EUROPE.

PARIS,

A. EGRON, Imprimeur-Libraire, rue des Noyers, n. 37;

DELAUNAY,
PONTHIEU,   } LIBRAIRES, AU PALAIS-ROYAL.
PELICIER,

1821.

PRÉFACE.

Ce petit écrit est déjà composé depuis plusieurs semaines. J'ai beaucoup balancé à le publier; et si je le fais aujourd'hui, ce n'est pas que j'ignore que le moindre arrangement, dicté à la Sublime-Porte, et accepté par elle, le fera paraître tardif et ridicule aux yeux de beaucoup de gens. Mais la question qui occupe le monde politique est-elle bien dans un arrangement éphémère? Et l'empire du Croissant se trouvera-t-il bien consolidé par la suspension momentanée de la foudre qui le menace sans cesse? Quelle que soit la licence qu'on lui octroie, aujourd'hui, de châtier ses esclaves à sa fantaisie, en sera-t-il moins vrai qu'au-delà du 20e degré de longitude orientale de

Paris, il y a deux empires immenses, dont l'un ne cesse de croître en étendue, en population, en richesse, en force, en lumières, tandis que l'autre s'affaiblit chaque jour sous tous ses rapports; que ce dernier, objet de la longue convoitise de son terrible voisin, peut devenir sa proie, en deux campagnes, dans un moment où les puissances occidentales de l'Europe auraient d'autres intérêts en litige qui les tiendraient distraites; qu'alors le géant déjà si redouté se montrerait dans une attitude si terrible et une position si forte, qu'il ne serait plus temps de lui disputer sa conquête ou de lui proposer de la partager avec lui? S'il en est ainsi, ne serait-il pas sage de profiter du moment où toute l'Europe est en paix, où le grand empire est gouverné par un prince modéré qui, tout en désirant, avec une louable ambition, d'étendre la gloire des vastes états que la Providence lui a donnés à régir , n'en veut pas moins la continuation de cette paix qu'il a si puissamment contribué à ramener parmi les peuples chrétiens, et la stabilité des trônes autour desquels ces peuples sont groupés ; ne serait-il pas sage, dis-je, de profiter d'une pareille circonstance pour statuer sur le sort d'un état barbare qui tombe en dissolution , et de le faire avec de telles combinaisons que l'équilibre européen n'en fût pas troublé? Le développement de cette pensée est l'objet des pages qu'on va lire.

12 septembre 1821.

P. S. Il y avait environ un mois que j'avais donné mon manuscrit à lire à un de mes amis, et que j'en avais parlé à plusieurs autres ; il y avait huit jours qu'il était entre les mains de mon libraire, lorsque, avant hier, je lus dans le *Journal des Débats* (20 septembre), un article d'un de nos plus célèbres publicistes, sur le sujet que j'ai traité. Je me trouve glorieux de m'être rencontré, en plusieurs idées, avec le savant député. Je regrette que nos points de coïncidence ne soient pas encore plus nombreux : je serais bien plus sûr d'être favorablement accueilli du public.

22 septembre.

DE

DE
L'EMPIRE OTTOMAN

ET

DE L'ÉQUILIBRE DE L'EUROPE.

Une lutte sanglante est commencée dans l'Orient, et tous les peuples de l'Europe se portent avec une avide curiosité comme spectateurs de cette grande tragédie : il est même difficile de croire que plusieurs d'entre eux ne s'y montrent bientôt comme acteurs. Déjà les rôles sont distribués par l'opinion publique.

Une grande et puissante nation, entrée la dernière dans la carrière de la civilisation, mais qui s'y élance à pas de géant, fière de sa jeune vigueur, glorieuse du noble rôle qu'elle a joué naguère à la tête de ses aînées, est indiquée comme brûlant de tendre la

1

main à la Grèce infortunée, dont ses limites la rapprochent, à laquelle une communauté de croyance l'unit, vers qui l'attirent enfin d'anciennes et constantes intentions.

Près de là, une nation arrivée à sa maturité, robuste, sage, habile à profiter des torts ou des fautes de ses voisins, n'est guère moins redoutée du turban, contre lequel il lui reste le souvenir de sanglans affronts qui n'ont pas été entièrement vengés *.

Au loin, au contraire, un peuple puissant par son énergie, par ses richesses, par ses hommes à talens, est soupçonné de vouloir soutenir le croissant contre la croix.

Tels sont les états qui paraissent destinés à se montrer les premiers sur la scène, et à jouer les principaux rôles dans le drame politique qui se prépare.

Les autres nations de l'Europe se tiennent plus à l'écart, et semblent, jusqu'à ce jour, se contenter d'observer les événemens, même celle qui, tant de fois, et ré-

---

* Constantinople n'a pas encore vu la fumée d'un camp autrichien.

cemment surtout, entraîna et bouleversa toutes les autres.

C'est sans doute un spectacle d'un haut intérêt, que celui qui s'annonce sur les confins de l'Europe et de l'Asie ; et, depuis Mahomet II, un aussi grand événement que celui qui semble prêt à éclater, n'aura point étonné le Bosphore.

Les nations du centre et du couchant de l'Europe doivent-elles chercher à reculer ou à avancer cette explosion? C'est ce qui vaut certainement la peine d'être examiné. Aussi les publicistes étrangers se sont-ils déjà exercés sur ce sujet ; il semble, à les entendre, qu'ils aient pénétré les arrière-pensées des cabinets, et qu'ils nous les dévoilent.

Nous ne nous flattons de deviner le secret de personne. Nous sommes même assez disposés à croire qu'aucune puissance n'a de projets arrêtés, pour cette grande affaire, parce que chacune est occupée de s'assurer par qui ses desseins seront appuyés, par qui elle les verra combattus.

Vers la fin du siècle dernier, l'Europe vit trois puissances se partager à diverses reprises la Pologne, jusqu'à entière consommation. L'Europe le vit et ne s'y opposa pas : elle fit une grande faute.

S'il était possible aujourd'hui que l'Europe occidentale n'intervînt pas dans les projets d'occupation de l'empire ottoman par quelques puissances voisines, elle ferait une faute bien plus grande encore. Elle reviendrait tôt ou tard de cette étrange imprévoyance : et les efforts qu'elle ferait alors, pour la réparer, seraient bien autrement pénibles et d'un succès plus incertain que les démonstrations qui lui suffiraient à présent.

L'empire de Constantinople, baigné par l'Adriatique, la Méditerranée, l'Archipel, ayant les clefs de la mer Noire et de la Propontide, commandant à l'Asie; cet empire, passant avec tous ses avantages entre les mains d'un gouvernement éclairé, est d'une bien plus grande importance encore que ne le fut jamais la Pologne.

Cependant tout annonce que l'empire des Turcs est au moment de sa chute. L'expulsion de ce peuple hors de l'Europe, depuis

long-temps méditée par ses redoutables voisins, est justifiée d'avance, aux yeux du
monde civilisé, par les monstruosités dont
il vient de se rendre coupable (1). Il sera
refoulé bien au-delà du Bosphore, jusque
vers les déserts d'où jadis il se précipita sur
l'Occident.

Si l'Europe désire que ce grand événement ne trouble pas sa paix intérieure, fruit
de la sagesse et de la modération des puissances prépondérantes, elle doit vouloir qu'il
s'établisse entre les peuples qui composent sa
grande famille, des conventions et des sûretés réciproques, qui préviennent que des ac-
croissemens excessifs, dans quelques états,
ne mettent l'existence politique des autres
en danger.

La première question à poser, dans ce
grand congrès, sera celle-ci : à qui appar-
tiendra le nouvel empire d'Orient?

Mais si c'est un trône ferme et durable
que l'on songe à établir sur le Bosphore ; si
l'on veut élever, dans ces belles régions, une
barrière que les Barbares ne puissent plus
franchir, il me semble que cette question,

quelque importante qu'elle soit, n'est pas difficile à décider. On portera sur le trône de Byzance un prince qui puisse s'y maintenir par l'aide de la famille et de la nation d'où il sortira. Or, tous les yeux se tourneront vers le même côté. Supposons, au contraire, que, par une politique ombrageuse, on voulût placer à cet avant-poste de la civilisation un prince appartenant à une maison faible, de peur de rompre tout équilibre en augmentant la prépondérance d'une maison déjà trop puissante, quel moyen aurait le nouveau monarque de se soutenir sur un siége si périlleux? Il lui faudrait donc le secours d'une coalition permanente des princes chrétiens, qui lui fourniroient des troupes par contingent. Mais un tel état de choses peut-il être durable? Et aux premiers troubles survenus vers l'Occident, le nouveau monarque ne risquerait-il pas de se trouver exposé, sans défense, aux attaques furieuses des Turcs de l'Asie? Serait-il même bien en sûreté contre la légèreté et l'inconstance trop célèbres de ses propres sujets (2)?

Un prince russe, au contraire (car cha-

cun l'a déjà nommé), entraîne avec lui toutes les conditions qui peuvent rassurer sur
la stabilité de son nouvel empire. La plus
grande puissance continentale de l'Europe
est intéressée par sa gloire à lui fournir des
forces qui le fassent respecter au dedans et
au dehors, jusqu'à ce qu'il ait accoutumé
ses sujets à la discipline militaire ; jusqu'à ce
que, par l'exercice d'une administration légale et régulière, il puisse tirer sans effort,
de son propre sol, des revenus suffisans
pour entretenir ses armées et ses flottes. Ce
prince se présente avec une religion qui est
celle de ses nouveaux sujets ; enfin, il est
conduit par les armées les plus voisines du
terrain qu'il faut occuper, et les plus redou-
tées de l'Orient.

Quel autre prince, en Europe, offrirait
autant de chances pour faire espérer qu'il
pourrait fonder un empire durable sur le
Bosphore ? Oui, si l'heure est venue pour le
farouche Ottoman d'abandonner la ville de
Constantin, il n'y a qu'un prince russe qui
doive l'occuper, parce qu'il n'y a que lui qui
puisse s'y affermir.

Mais, ici, j'entends crier de tous côtés : Comment! vous allez augmenter encore le pouvoir et l'influence d'une nation déjà colossale, qui pèse sur l'Europe, et qui n'est peut-être retenue dans son débordement que par la modération du prince qui la gouverne aujourd'hui!

Si je proposais de réunir la Grèce à l'empire russe, si le même sceptre devait régir Pétersbourg et Constantinople, sans doute les alarmes de l'Europe occidentale seraient fondées. Mais on voit déjà que telle n'est pas mon intention; et, de plus, je me propose bien de demander à cette grande puissance des garanties et des sacrifices proportionnés au nouvel éclat qu'elle est appelée à jeter.

Oui, plus cette couronne d'Orient doit ajouter de splendeur à la maison impériale de Russie, en lui donnant la gloire d'achever la civilisation de l'Europe par les pays où elle commença jadis, et de recommencer celle de l'Asie, plus cette illustre maison doit donner au monde chrétien l'assurance qu'elle renonce à tourner contre lui les arts, les sciences, la politique, qu'elle lui a empruntés.

Pour premier gage que la Russie abandonnerait toute pensée de s'étendre désormais vers l'occident de l'Europe, j'exigerais d'elle le rétablissement du royaume de Pologne, non pas dans les limites qu'elle a données à la petite enclave qui porte aujourd'hui ce nom, mais avec une étendue assez considérable pour former un état capable de faire respecter lui-même son indépendance. Dans ce dessein, on ajouterait au royaume actuel de Pologne les provinces lithuaniennes et polonaises comprises dans la circonscription suivante : Au nord, une ligne serait tirée de Srednik, sur le Niémen, à Drousa, sur la Dwina. A l'orient, le nouveau royaume aurait pour limite la Dwina, en remontant son cours jusqu'à Vitebsk, de là une ligne rencontrant le Dniéper à Orcha, puis le cours de cette rivière, en descendant, jusqu'à Mochenie. Au midi, la frontière serait tirée de Mochenie à Khotin, sur le Dniester.

La Prusse abandonnerait, au nouveau royaume, le duché de Posen.

L'Autriche lui céderait les Gallicies.

Ce royaume serait donné au roi de Saxe,

à titre héréditaire pour sa famille, et selon le droit salique.

Le roi de Saxe renoncerait à ses états actuels, qui passeraient au roi de Prusse en indemnité du duché de Posen. Ce monarque réunirait le titre de roi de Saxe à celui de roi de Prusse.

Nous parlerons ailleurs des indemnités de l'Autriche.

Ce nouveau royaume de Pologne, formé d'une seule pièce, peuplé de dix à douze millions d'habitans belliqueux et jaloux d'une existence politique indépendante, gouverné par un prince d'une haute sagesse qui, dans des circonstances difficiles, a commandé l'estime de l'Europe, ce royaume, dis-je, aurait bientôt acquis la consistance nécessaire pour défendre ses limites et faire respecter ses droits. En attendant cette force, qui ne peut être que le produit de l'intime agrégation des parties entre elles, et des heureuses relations du prince avec les sujets, ce pays aurait pour garantie de son repos la modération des grands souverains qui auraient concouru à sa création. D'un autre côté, loin de devenir un objet d'inquiétude pour ses voisins, ceux-ci devraient songer que ce nouvel état, en diminuant les points de contact * entre eux, ne pourrait que servir à éloigner leurs sujets d'altercation.

L'Autriche qui, après la Russie, retirerait les plus grands avantages de la chute du croissant, ne le ferait aussi que sous la condition de grands sacrifices envers l'Occident. Outre les Gallicies, qu'elle céderait au nouveau royaume de Pologne, elle abandonnerait le Tyrol et tous ses états d'Italie jusqu'au Tagliamento. Mais il est temps de connaître ce qu'elle achèterait à un si grand prix.

Cet empire s'étendrait, à l'orient, entre le Danube et le Dniester, jusqu'à la mer Noire; par conséquent occuperait en entier la Valachie, la Moldavie et la Bessarabie.

On voit, ici, que le second sacrifice de la Russie serait celui de tous ses droits et

* Les points de contact ne seraient pas diminués entre la Prusse et l'Autriche, mais ils le seraient beaucoup entre la Russie et la Prusse, ainsi qu'entre la Russie et l'Autriche.

prétentions sur les territoires compris entre le Dniester et le Danube.

Au midi, l'Autriche acquerrait tous les pays situés entre la Hongrie et les provinces de la Dalmatie et de l'Herzgovine, jusqu'à la Morava, rivière qui se jette dans le Danube à Sémendria. Une ligne tirée de la ville de Nissa, sur cette même rivière, jusqu'au golfe de Drin *, sur l'Adriatique, terminerait ses possessions au-delà du Danube.

Ces échanges ne seraient pas sans doute aussi avantageux à l'Autriche, dans le principe, sous le rapport de la population et de la richesse, que sous celui de l'accroissement de territoire ; mais quelle admirable prospérité lui prépareraient-ils pour la suite ! Disposant ainsi du cours entier du Danube, les produits de son sol et de son industrie descendraient librement dans la mer Noire, d'où ils remonteraient les fleuves de la Russie, ou en-

---

* Ce golfe est aussi nommé golfe d'Alessio. J'ai préféré l'appeler golfe de Drin, à cause du fleuve de ce nom qui s'y jette et qui pourrait servir de limite dans une partie de son cours.

treraient dans le Bosphore. Au sud, les frontières de la Hongrie ne seraient plus sépa-
rées de la Dalmatie et de l'Herzgovine par
l'interposition des provinces turques de Croa-
tie, de Bosnie et de Servie. Ainsi, toutes ses
productions seraient versées, sans empêche-
ment, dans les ports de l'Adriatique. Jamais
la maison d'Autriche n'aurait eu des possessions aussi bien rassemblées, aussi bien dis-
posées pour se prêter un mutuel secours;
enfin, aussi faciles à défendre, que d'après
cette nouvelle circonscription. Sous le régime paternel des princes de cette maison,
l'industrie allemande aurait bientôt vivifié
et peuplé ces nouvelles provinces si vastes
et si fertiles, mais où l'absurdité du gouvernement turc étouffe tous les dons de la
nature.

Ce qui vient d'être dit des nouvelles limites de l'empire d'Autriche, indique les
frontières de l'empire de Constantinople, du
côté de l'occident; vers l'orient, il franchi-
rait le Bosphore et s'étendrait en Asie jusqu'au fleuve Kizil-Irmak (l'ancien Halis), à
prendre depuis son embouchure dans la mer

Noire, jusque vers Kisre-Kupri, d'où une ligne irait joindre le Cydnus, qui verse dans la Méditerranée au-dessous de Tarasso (l'ancien Tarsus).

Toutes les îles de l'Archipel dépendraient de l'empire de Constantinople, excepté Candie qui, avec Rhodes et Chypre, formerait un royaume pour le jeune roi d'Etrurie.

La principauté de Lucques serait réunie à la Toscane.

La succession éventuelle de Parme passerait au duc de Modène et à ses héritiers.

La Morée serait donnée, avec le titre de royaume, au jeune prince Gustave de Suède.

La France fournirait des garnisons au roi de Candie, jusqu'à ce qu'il pût former une armée nationale. Le royaume des Pays-Bas en fournirait une au roi de Morée, également jusqu'à ce qu'il pût avoir une force intérieure.

L'Angleterre aurait l'Egypte; mais elle rendrait aux Français l'Île-de-France.

Afin d'affaiblir d'autant plus la puissance des Musulmans en Asie, les trois états chrétiens suivans se partageraient les côtes de

Syrie. L'Autriche aurait, pour sa part, toutle pays compris entre Gaza et Saint-Jean-d'Acre, inclusivement; la France occuperait le territoire qui s'étend depuis Sour (Tyr) jusqu'à Tortose, inclusivement; enfin, le royaume des Pays-Bas prendrait possession du littoral compris depuis Merakia jusqu'à Alexandrette, inclusivement. Ces états chrétiens pourraient, par la suite, étendre leurs possessions vers l'est jusqu'au désert, en se renfermant seulement entre les latitudes qui leur serviraient réciproquement de limites. Ces limites seraient placées à peu près à moitié chemin des places frontières que nous avons indiquées.

Mais il faut revenir vers l'Europe. Les états d'Italie abandonnés par l'Autriche seraient réunis au Piémont et au pays de Gênes, pour former un royaume sous le nom de royaume de Lombardie, lequel serait donné à la maison de Savoie (3).

L'île de Sardaigne serait cédée à la France. De plus, ce royaume recouvrerait Landau, Sar-Louis, enfin, la petite lisière dont il a été privé par le dernier traité de Vienne.

La Savoie serait réunie à la Confédération Helvétique. Le Tyrol, détaché de l'Autriche, serait également joint à cette confédération (4). Le but de cette disposition
serait de couvrir de plus en plus l'Italie par
les Alpes, et de diminuer, pour la France
et pour l'Autriche, les tentations d'envahir
cette belle péninsule qui fut si souvent dé-
vastée par leur ambition et leur coûta tant
d'hommes et de trésors.

En jetant un coup d'œil sur les arrange-
mens qui viennent d'être proposés, je m'attends que l'on pourra me dire : vous faites,
sans doute, jouer un très-beau rôle aux
Russes, en les disposant à tranquilliser l'Europe sur leurs projets ambitieux pour l'ave-
nir, en les chargeant de la noble mission de
rappeler la civilisation sur le Bosphore et
dans la Grèce, par l'élévation d'un prince
russe sur le trône de Constantinople ; mais,
de ces deux opérations, l'une se fonde sur
un démembrement considérable de leur empire, l'autre ne se fera pas sans une grande
consommation d'hommes et d'argent. Le résultat sans doute sera glorieux ; mais quel

avantage bien réel en reviendra-t-il au trône
de l'empire russe? Où retrouvera-t-il les provinces dont vous lui commandez le sacrifice?
Il le trouvera en Asie. Le nouvel empire de
Constantinople s'arrêtera sur les bords de
l'Irmak. Que l'aigle éployée des Russes des-
cende du Caucase ; qu'elle étende ses ailes
sur les provinces situées entre les frontières
orientales de cet empire et la rive droite de
l'Euphrate, et que ce fleuve fameux de-
vienne, encore une fois, la limite entre les
peuples civilisés et les barbares.

Pierre Ier rapprocha sa capitale de l'Europe pour dérober aux peuples de cette contrée les arts, les sciences, la tactique, la navigation, qu'eux seuls possédaient. Riche de
ces trésors accrus pendant un siècle de prospérité, qu'Alexandre se montre à l'Asie et
qu'il la soumette, non pour la ravager,
comme firent trop souvent des conquérans
sortis de ses déserts, et qui semblaient vouloir donner à toute la terre l'affreux aspect
de leur patrie, mais pour lui faire connaître
les douceurs d'un gouvernement sage, régu-
lier, légal (5), et y reporter les connaissances

humaines dont elle fut le berceau. Ce rôle sera aussi grand que celui du plus illustre de ses prédécesseurs.

Mais je m'attends bien qu'on ne manquera pas de me demander si je pense qu'il soit à désirer, sous le rapport des intérêts commerciaux de la France et des états industrieux de l'Europe, que les vastes provinces de la Turquie, tant en deçà qu'au delà du Bosphore, passent sous la domination de princes qui voudront rappeler, dans ces contrées, les arts et l'industrie que le régime turc étouffait. Je n'hésite pas à croire que cette révolution serait avantageuse pour la France, quand même cette puissance exercerait encore dans le Levant cette prépondérance dont elle jouissait avant la révolution : et voici sur quoi je me fonde. Dans un pays qui gémit sous un régime aussi absurde que celui des Turcs, où personne n'est sûr de conserver sa fortune, où les richesses compromettent la vie du propriétaire, où l'une des grandes ressources fiscales du gouvernement est de livrer à un brigand une province à ravager, et de guetter ensuite le moment où

on le croit assez riche, pour l'étrangler et
confisquer le fruit de ses rapines ; dans un
tel pays, on n'est pas généralement tenté de
faire de grands efforts pour agrandir son
existence ; et si l'amour de l'argent l'emporte
sur le danger qui l'accompagne, on dissimule
tant qu'on peut son aisance, la vanité se con-
centre, ou ne laisse paraître que ce que l'on
ne croit pas capable d'exciter la cupidité de
l'homme armé du pouvoir ; dans un pareil
pays, le plus grand nombre des habitans est
réellement pauvre, et ceux qui ne le sont
pas consomment peu. Ce pays ne peut donc
pas fournir à un grand commerce, ni d'importation, ni d'exportation. Les faits viennent ici de reste à l'appui de cette assertion.
Tout l'immense littoral de la Méditerranée
barbare, depuis le détroit de Gibraltar jusqu'en Egypte, et depuis l'Egypte jusqu'à l'ou-
verture de l'Adriatique, y compris, bien en-
tendu, l'Archipel et la Propontide, et les
côtes de la mer Noire appartenant à la Turquie, tout cela ne fournissait pas à la France,
aux époques les plus florissantes qui ont pré-
cédé la révolution, un commerce égal à ce-

lui que nous faisions avec la seule Hollande, telle qu'elle était alors(6). Et que l'on ne pense pas que c'était comme courtiers de tout le Nord que les Hollandais nous procuraient un commerce si étendu; car nous en faisions un plus considérable d'exportation avec les villes anséatiques. Nous en faisions un énorme avec les états de la maison d'Autriche ; enfin, un très-respectable avec le reste de l'Allemagne, par la voie de terre ou par le Rhin et ses affluens. Et cependant nous n'avions ni privilége , ni prépondérance dans toutes ces contrées. Ce rapprochement prouve assez combien les mouvemens commerciaux sont plus considérables avec des pays peuplés, riches , industrieux , qu'avec des contrées qui ne portent qu'une population rare et misérable : ce qui ne semblerait guère avoir besoin d'être démontré , mais ce que des préjugés et l'ignorance, en ce qui regarde le commerce, cachent chez nous à beaucoup de personnes (7). Il n'est donc aucunement probable que le commerce du Levant cessât d'être lucratif pour nous, lorsqu'un gouvernement éclairé, sage et juste, aurait rendu

aux habitans de ces vastes provinces la sé-
curité à l'abri de laquelle chacun ferait les
efforts qui sont naturels à l'homme civilisé,
pour augmenter son bien-être et celui de sa
famille.

Mais, répliquera-t-on, ces princes éclai-
rés voudront établir chez eux des manufac-
tures, des fabriques de tout genre. — Sans
doute ils le voudront et ils le feront; mais
avec le temps. Cela ne se coule pas en
moule (8); et les nations qui ont la priorité
dans cette partie, la gardent long-temps, à
moins qu'elles ne fassent de grandes fautes.
Que manque-t-il à l'Italie pour avoir des fabriques de soieries comme celles de Lyon?
Pourquoi l'Espagne envoie-t-elle ses laines
en France se convertir en draps de Sedan
et de Louviers? Pourquoi l'or, l'argent, le
bronze, la porcelaine, ne se travaillent-ils
pas avec la même perfection en Angleterre
qu'en France? D'un autre côté, pourquoi
nos filatures ne peuvent-elles rivaliser avec
celles des Anglais? Pourquoi leur sommes-
nous inférieurs pour les étoffes de coton,
pour la quincaillerie, la faïence, la sellerie.

et un si grand nombre de produits des arts
mécaniques? C'est que l'excellence dans une
fabrique quelconque est le résultat du con-
cours de beaucoup plus d'élémens qu'on ne
croit d'ordinaire. Ainsi donc, ni la France,
ni encore moins l'Angleterre, ne devraient
craindre que l'établissement d'une administration éclairée, sur les rives du Bosphore,
pût diminuer leurs exportations vers ces
contrées. Mais voici un autre motif de tran-
quillité. Lorsqu'un pays situé sous une tem-
pérature heureuse, passe d'un régime barbare à un gouvernement sage, les spécula-
tions les plus avantageuses sont celles que
présentent l'agriculture et l'exportation des
denrées. En effet, les terres alors sont néces-
sairement à bas prix et fort étendues, par
rapport à la population. La rareté des hommes et leur incurie ont laissé de grandes fri-
ches. L'homme actif trouve facilement à en
acheter ou à en affermer à bas prix, autant
qu'il a de bras et d'animaux à sa disposition
pour les exploiter. Les produits qu'il obtient
ainsi à peu de frais ne craignent pas la con-
currence dans les marchés étrangers, sur-

tout s'il travaille sous un climat qui lui donne des denrées qui ne sont pas communes à tous les pays; et c'est ce qui arriverait pour une grande partie de l'empire d'Orient; ses huiles, ses vins auraient un débit assuré en Allemagne, en Pologne, en Russie, que la mer Noire met à sa porte; ses soies et ses cotons se répandraient dans toute l'Europe. Avec ces denrées précieuses, il paierait le blé dont il paraît que son territoire n'est pas suffisamment pourvu. De plus, sa navigation et son agriculture augmentant, il tirerait de la Russie et de l'Allemagne une immense quantité de fer et d'acier dont ces contrées sont si richement pourvues.

La France continuerait d'envoyer aux Levantins, mais plus sûrement et plus abondamment que jamais, ses draps, ses soieries, ses ouvrages d'orfévrerie, d'horlogerie, de décoration. Les Russes consommeraient dans l'Orient quelques vins fins de France, en attendant que l'agriculture fût perfectionnée sous ce beau ciel.

Mais dès qu'à l'abri d'un gouvernement stable et juste l'agriculture et le commerce

auraient enrichi ces contrées, les arts y seraient appelés. Alors, quel débouché ne se-
rait-ce pas pour nos artistes de tous les gen-
res, tandis que, sous le régime actuel, ils n'y
pénètrent que pour y dessiner des ruines, et
encore n'est-ce pas sans danger?

Ce serait peut-être ici le lieu de représen-
ter, par anticipation, les enfans de l'Italie et
de la Gaule allant enseigner aux descendans
de Zeuxis et de Praxitèle le secret d'animer
la toile sous le pinceau, et de forcer le mar-
bre à se transformer en images des hommes
et des dieux; de montrer un Germain tenant
une chaire d'éloquence grecque à Athènes;
enfin, de peindre l'Europe accourant de toutes parts pour rendre à la Grèce les arts et
les sciences qu'elle a reçus d'elle à plus d'une
reprise? Mais ce côté fleuri de la révolution
de l'Orient ne manquera pas d'historiens qui
s'empresseront de s'acquitter de cette tâche,
et le feront avec plus de succès que je ne
pourrais en obtenir.

Mon but, en supposant une convention
européenne statuant sur le sort de l'empire
de Constantinople, a été de prouver que cet

empire peut passer sous la domination d'un prince chrétien, sans que le salut des états de l'Occident soit en danger; que des sûretés peuvent être prises pour que l'équilibre européen ne soit pas détruit (9), et pour qu'il ne résulte de ce grand événement qu'une immense conquête de la civilisation sur la barbarie, et une nouvelle activité de relations entre les peuples du couchant et ceux de l'aurore.

APPENDICE.

QUELQU'ACCUEIL que puisse recevoir un plan de campagne contre les Turcs, dans un moment où l'on ne parle que de pacification, je hasarderai ici quelques réflexions sur la guerre à faire à ce peuple.

Dans un projet d'envahissement total, tel que nous le supposons, ce qu'il y aurait le plus à redouter, pour les armées chrétiennes, serait la disette; car il n'y a pas de doute que les ennemis ravageraient complètement toutes les provinces qu'ils se verraient contraints d'abandonner. Mais il serait, ce me semble, possible de rendre cette dévastation sans nul effet contre la marche des alliés. Une armée autrichienne rassemblée

dans la Transilvanie, n'aurait que quelques jours de
marche, à travers la Valachie, pour arriver sur le Danube, où elle ferait sa jonction avec la grande armée
russe, qui, venant de la Bessarabie, appuierait sa
gauche à la Mer Noire, et par conséquent serait asu-
rée de ses subsistances. Ce serait dans cette disposition, c'est-à-dire sans s'écarter jamais de la mer que
ces deux armées s'avanceraient vers Constantinople,
refoulant devant elles toutes les forces qui s'oppose-
raient à leur marche. Pendant ce temps-là, une autre
armée autrichienne, formée dans la Dalmatie et l'Her-
zegovine, suivrait les côtes de l'Adriatique jusque vers
Durazzo, toujours approvisionnée par des convois
arrivant des provinces maritimes de l'Autriche et de
toute l'Italie.

De Durazzo, après s'être abondamment pourvue de
vivres, l'armée se dirigerait à travers l'Albanie et la
Roumélie, sur le golfe de Salonique, où elle trouve-
rait des flottilles grecques, soutenues au besoin par
les escadres des puissances coalisées. Elle se fournirait donc là de nouveaux approvisionnemens. A par-
tir de ce golfe, l'armée ne serait plus séparée de la
mer que pendant deux ou trois jours de marche à
travers l'isthme de Salonique; après quoi, elle aurait
toujours sa droite appuyée sur l'Archipel ou la Propontide, jusqu'à Constantinople. Si les châteaux des
Dardanelles n'avaient pas encore été forcés par les
opérations maritimes de la coalition, l'armée autrichienne tirerait toujours ses subsistances des golfes
d'Enos et de Saros.

Ce serait probablement aux environs de la capitale,

dans cette pointe orientale de la Roumélie, où nous
venons de conduire, par deux voies différentes, les
forces de Russie et d'Autriche, que se porteraient les
grands coups qui décideraient du sort de l'Empire ottoman. Il nous semble du moins que les armées chrétiennes ne sauraient mieux faire que de tendre à occuper la rive européenne de la Propontide, pour en-
lever le plus possible aux Turcs d'Asie les communications avec l'Europe, jusqu'à la chute de la capitale
qui les ferait cesser tout-à-fait. Après ce grand événement, il serait facile de dissiper les corps de troupes
ennemies qu'on aurait laissés derrière soi, dans les
provinces de la Servie, de la Bulgarie et de la Roumélie. Ne recevant plus d'ordre d'une autorité suprême,
n'ayant plus de solde, ces troupes ne seraient bientôt
plus que des bandes de brigands qui se disperse-
raient pour vivre de pillage, et dont on aurait bon
marché.

En Asie, la guerre se conduirait un peu différem-
ment. Les forces chrétiennes se diviseraient en trois
armées. La plus considérable, celle du centre, disposée
parallèlement à la Propontide qu'elle aurait à dos,
s'avancerait lentement dans le pays, ne laissant derrière elle aucune place forte qui ne fût soumise ou
détruite.

Pendant ce temps, l'armée de droite suivrait les
côtes de l'Archipel et de la Méditerranée, s'assurant,
conjointement avec les forces maritimes de la coalition, des postes les plus importans de la côte, les for-
tifiant et y formant des dépôts de tout genre pour son
usage.

L'armée de gauche ferait la même opération sur la Mer Noire.

Lorsque ces deux armées seraient arrivées, la première à Tarasso, l'autre à Synope, elles se porteraient vers l'intérieur, allant à l'encontre l'une de l'autre. L'armée du centre, instruite de leurs mouvemens, s'avancerait vers l'orient jusqu'à ce qu'elle les eût jointes. Ces armées, ainsi réunies dans le centre de la Natolie, après s'être assurées des passages les plus importans pour être en communication avec leurs dépôts, se porteraient vers les plus grands rassemblemens de forces des ennemis, et les écraseraient ou les dissiperaient.

Cependant une armée russe, descendant du Caucase, balaierait l'Arménie; et, se joignant bientôt avec les armées de Natolie, obligerait les débris des forces ottomanes à se jeter au-delà de l'Euphrate.

Je sais combien, il y a quarante ans, ce plan de campagne aurait paru gigantesque et fou. Mais lorsqu'on a vu les armées françaises occuper l'Europe depuis la rade de Cadix jusqu'à Moscou, lorsqu'on a vu, depuis, la coalition du Nord contre la France avoir pour front de bataille une ligne tirée de la Baltique à l'Adriatique, le plan en question n'est plus qu'une opération ordinaire.

Je ne parle point de l'occupation de la Morée, de Candie, de Chypre et de la Syrie, parce que ces faibles branches se détacheraient facilement du grand tronc, au moment de sa chute.

NOTES.

Note (1), page 5.

Je ne répéterai pas ici les atrocités qui sont rapportées des Turcs, dans les papiers publics, parce que, si un seul fait se trouvait inexact, certains Chrétiens qui canonisent les doux Musulmans m'attaqueraient en diffamation; mais il me semble qu'à s'en tenir aux choses malheureusement prouvées et avouées, il y a de quoi dégoûter de ce peuple humain, et désirer qu'il reporte sa philantropie vers les régions d'où il est sorti.

Je sais toutefois ce que les Turcs pourraient me répondre s'ils écrivaient. Mais ils n'auraient pas raison; il n'y aurait point parité dans les circonstances, ni dans la recherche des cruautés. Lorsque des hommes d'exécrable mémoire, ont commis, chez nous, des crimes qui font frémir la nature, lorsqu'ils ont insulté à toutes les lois divines et humaines, par leurs *mariages républicains*, ces hommes (si on peut leur donner ce

nom) étaient hors du gouvernement légitime
de France qu'ils venaient de renverser. Agités
par le souvenir de l'attentat horrible, auquel ils
avaient participé ou adhéré , ils éprouvaient
l'affreux besoin de se précipiter dans de nouveaux forfaits. Ils se sentaient dévorés d'une soif
qu'ils croyaient ne pouvoir étancher que dans
le sang , et les théâtres de leurs plus horribles
excès avaient été les théâtres de plusieurs san-
glantes défaites. Eh bien! ces monstres viennent
d'être surpassés par les Turcs, sortant tout-à-coup
du repos pour montrer qu'ils sont encore, en
barbarie , les maîtres de tout ce que l'Europe
agitée peut enfanter de plus féroce.

Note (2), page 6.

J'écarte toute supposition que les Grecs puissent faire leur révolution en leur nom, et se
donner un gouvernement solide. Cette nation se
compose : 1.° d'une multitude extrêmement
ignorante et façonnée à l'esclavage, depuis plus
de deux mille ans * ; 2.° de quelques peuplades

---

* Nous sommes en général d'une grande courtoisie pour
les Grecs ; nous les transportons galamment au siècle de
Périclès, leur faisant franchir, avec une politesse sans

de bandits féroces, connus sous le nom d'Albanais ou Arnautes, qui ne sont pas même tous Grecs de religion ; 3.º enfin d'un petit nombre de jeunes gens qui, depuis quelques années, fréquentent les universités de l'Allemagne, de la France, de l'Italie. Ces jeunes gens sont en général animés de la plus vive exaltation pour la démocratie. Je demande aux hommes qui ont

égale, vingt et quelques siècles d'asservissement. On oublie ce qu'ils furent sous Philippe et ses successeurs, sous les proconsuls romains, sous les empereurs, même sous les empereurs grecs, et enfin sous les terribles maîtres qui les gouvernent encore.

Avant le panorama d'Athènes, nos merveilleux de Paris qui étudient l'histoire grecque à l'Opéra, s'imaginaient qu'il ne s'agissait, en passant à Athènes, que de se faire écrire chez Aspasie, pour recevoir, le lendemain, une invitation à une soirée délicieuse. Depuis quelques jours, ils ont appris que la ville de Périclès appartient au chef des eunuques noirs, espèce de monstre bourru, incapable de faire les moindres frais pour réunir chez lui de jolies femmes et des hommes aimables.

Si quelque tempête les poussait vers cette plage, ils courraient grand risque d'être empalés comme chrétiens. Si, échappés à ce grand danger, ils voguaient vers les îles de l'Hellade triomphante, on les régalerait du spectacle de quelques Turcs grillant à petit feu. Voilà ce qu'est la Grèce de nos jours ! Mais plus cet état est horrible, plus on doit souhaiter qu'il finisse.

quelque expérience des révolutions, si avec de pareils élémens il serait possible de fonder rien de stable, dans un empire aussi grand que celui de Constantinople. Quand même le moment présent les réunirait contre l'ennemi commun, après la victoire les rivalités démocratiques les diviseraient, et chacun de ces fiers républicains instruits à nos écoles, se ferait tyran dans son île ou dans son canton. D'ailleurs obtiendraient-ils cette victoire? Les essais tentés jusqu'à ce jour, ne donnent guère lieu de croire que les Grecs aient assez de résolution et de vigueur pour reconquérir leur liberté. De grands noms repris à l'antiquité, ne suffisent pas pour re-tremper un peuple long-temps courbé sous le despotisme, ou même simplement ramolli par une longue désuétude de la guerre. Nos gazettes d'occident auront beau recréer les Thessaliens, les Épirotes, les Thébains, les Athéniens, les Spartiates, et même les Macédoniens qui ont englouti tous les autres, tout cela ne donnera point à la nouvelle Grèce d'impénétrables pha-langes, ni d'irrésistibles escadrons.

On a bien cru, tout récemment, qu'il suffisait d'appeler des hommes *Samnites*, pour qu'ils fissent passer sous les fourches Caudines tous les *barbares du Nord*, qui oseraient profaner le sol de la belle Ausonie. Les barbares sont venus, et la fumée de leurs camps a suffi pour dissiper les *Samnites.*

Il est bien rare qu'un peuple se relève de lui-même d'un long asservissement, ou même se réveille d'une longue mollesse. Le retour d'un pays aux sentimens généreux et énergiques, est presque toujours dû à l'arrivée d'une nation nouvelle, qui apporte avec elle cette fierté qui fait préférer la mort à l'humiliation. Car ce n'est presque jamais le nombre et la force physique, qui manquent à un peuple pour reconquérir son indépendance : c'est la force morale.

L'immense empire de Perse, si faible contre Alexandre, occupé depuis par une peuplade de Scythes, opposa, sous le nom de royaume des Parthes, une barrière redoutable aux Romains. Les Gaulois étaient fort déchus de leur antique valeur, lorsque César les soumit. Ils n'osaient plus regarder en face les Germains, chez qui jadis ils avaient porté leurs armes victorieuses, et fondé des colonies. Ils achevèrent de perdre, sous les Romains, une énergie dont ils n'avaient plus besoin. Ils furent régénérés par les Francs. Les Bretons l'ont été par les Angles et les Saxons. Plus tard, les Goths d'Espagne auraient difficilement reconquis leur péninsule sur les Maures, sans ces essaims d'aventuriers français, qui ne cessaient de franchir les Pyrénées, pour combattre les infidèles. Quelques pèlerins normands suffirent pour donner un instant de vigueur et d'éclat aux peuples les plus énervés de l'Italie.

Les Grecs, donc, ne pourraient seuls sortir de leur abaissement. Il faut qu'une nation forte, victorieuse, libératrice, s'incorpore à eux, les fasse participer à sa gloire, et qu'ils perdent dans cette honorable communauté, le souvenir de leurs longues humiliations.

Je sais que les Grecs de la Morée et ceux de l'Archipel ont conservé plus de vigueur que ceux des grandes terres. La navigation et surtout le métier de forban, qui a toujours eu beaucoup d'attrait pour eux, les tiennent familiarisés avec le danger ; mais la manière presque cannibale dont ils viennent de célébrer leurs légers triomphes, prouve assez qu'ils sont bien loin d'être mûrs pour l'indépendance, et que ce serait leur faire un funeste cadeau que de les livrer à eux-mêmes.

Toutefois je ne veux point, ici, insulter à la Grèce malheureuse ; j'attribue la dégradation de ses enfans à l'oppression sous laquelle ils vivent. Je n'oublie pas que de cette terre sont sortis plus

de génies admirables, et plus de chefs-d'œuvre,
que d'aucune autre contrée. Je veux que ce pays
jadis si glorieux, soit replacé sous un gouvernement humain, éclairé, protecteur des arts et des
sciences ; qui, loin de craindre et d'étouffer les
génies naissans, les soutienne et les favorise ; qui
comprenne que la puissance du prince naît du
bien-être des sujets. Mais je veux que ce grand
bien ne soit pas seulement montré à la Grèce, je
veux qu'il y soit stable : car si ce pays n'éprou-
vait que le passage d'un prince trop faible pour
s'y maintenir, ou d'une république éphémère,
il retomberait dans des malheurs plus grands encore que ceux auxquels il aurait voulu s'arracher.

Note (3), page 15.

L'interposition du royaume de Lombardie,
entre la France et l'Autriche, ferait dans le
Midi le même effet, que le rétablissement du
royaume de Pologne produirait dans le Nord, je
veux dire de séparer de grandes puissances qui
furent long-temps rivales, et par conséquent de
diminuer pour elles les causes de disputes. C'est
une chose aussi rare qu'édifiante en politique,
que la paix qui règne, depuis six ans, entre les
puissances de l'Europe. Et quoique cet état de
choses ne plaise pas sans exception à tout le

monde, cependant l'humanité gagnerait à ce
qu'il fût continué. Ce n'est pas que je prétende
renouveler le beau rêve de *l'impraticable paix
de l'abbé de Saint-Pierre* ; mais en accordant la
guerre aux hommes, puisqu'elle est indispen-
sable à l'âcreté de leur sang, est-il bien absurde
de désirer que les peuples civilisés de l'Europe
cessent de se déchirer entr'eux, et qu'ils se con-
tentent de rivaliser, désormais, à qui fera les
plus belles conquêtes sur les nations sauvages et
barbares? Si l'humanité avait encore à gémir
des souffrances indispensables du premier choc,
du moins elle se consolerait par la perspective
de ne plus voir renouveler sur les régions con-
quises, les scènes d'oppression et de cruauté qui
sont depuis si long-temps leur état habituel.

Note (4), page 16.

Je ne pense pas avoir besoin de prévenir, qu'en
réunissant le Tyrol et la Savoie à la Confédération helvétique, je ne prétends point démocra-
tiser ces deux Etats; ils conserveraient leur régime intérieur basé sur les priviléges des or-
dres et corporations qui s'y trouvent établis, et
leur députation à la Diète générale se compose-
rait des mêmes élémens.

Cet accroissement de la confédération des Alpes ne pourrait qu'être approuvée des hommes qui aiment à voir se multiplier les chances de la paix. La sage république helvétique qui, avec un peuple si belliqueux, se renferme depuis si long-temps dans le système défensif, offre assez de garanties que l'addition de deux provinces ne ferait pas naître chez elle l'ambition des conquêtes; mais l'expérience des temps récens prouve qu'il serait à souhaiter qu'elle fût plus forte contre les attaques étrangères.

Ce qui pourrait le plus arrêter dans la proposition qui nous occupe, ce serait une considération de sentiment. On verrait avec peine rompre les liens qui attachent deux peuples fidèles à des souverains auxquels ils viennent de donner récemment de nobles preuves de dévouement. Mais ce ne serait pas, ici, le cas de deux provinces arrachées par la force à une domination chérie, et dont les habitans se verraient exposés à combattre le lendemain contre leurs souverains et leurs compatriotes de la veille. Les loyaux habitans du Tyrol et de la Savoie ne cesseraient pas d'être les amis de leurs anciens maîtres, ils pourraient même se réserver le privilége de les servir, dans la carrière militaire, sauf le cas difficile à prévoir, où ces souverains seraient en guerre contre la confédération.

Note (5), page 17.

Je sais que, depuis trente ans, beaucoup de gens en Europe pensent qu'il n'y a de gouvernement légal, que le gouvernement démocratique, ou tout au plus le gouvernement représentatif *. Malheureusement ces deux régi-

* Ces formes de gouvernement furent entièrement inconnues des premiers grands peuples du monde dont la sagesse a fait l'admiration de toute l'antiquité, et qui ont laissé de si prodigieux monumens de leur civilisation. A ces hautes époques, c'étaient des colléges de mages, de prêtres qui formaient les conseils des rois. Ces colléges recueillaient avec le plus grand soin, non-seulement toutes les lois que l'expérience avait fait reconnaître utiles au bien-être et au repos de la société, mais toutes les découvertes de l'esprit humain qui pouvaient étendre et ennoblir son domaine. Sans doute ces institutions dégénérèrent par la suite ; mais qui peut douter de leur excellence, dans le principe, lorsque l'on voit les grandes et utiles choses qui furent faites pour le bonheur du peuple, dans les pays où elles régnèrent? Les travaux de navigation intérieure de la Hollande, de la France et de l'Angleterre, ne sont rien en comparaison de ceux de l'Egypte et des milliers de canaux qui réunissaient l'Euphrate au Tigre dans les plaines de la Babylonie.

Il paraît que dans l'ancienne Perse, pays devenu si aride de nos jours, presque toutes les hautes vallées des montagnes

mes sont également inapplicables aux peuples de l'Orient; ils n'y verraient qu'une confusion et un désordre inconcevables. Les Japonais sont encore à comprendre ce qu'étaient les Etats-Généraux de Hollande, et même la Compagnie des Indes Hollandaise; ils n'ont jamais vu qu'un stathouder et un directeur de la Compagnie.

Le gouvernement le plus assorti à l'état actuel

étaient barrées par des digues qui retenaient les eaux des torrens, en formaient d'immenses réservoirs, et permettaient ainsi de les distribuer avec économie dans les plaines. On retrouve encore, dans quelques contrées de l'Arabie Heureuse, des vestiges de cette pratique si précieuse pour l'agriculture; et les Arabes qui conquirent l'Espagne l'y avaient introduite.

Certainement il est difficile de ne pas accorder de l'estime à des gouvernemens qui montrèrent une sollicitude si éclairée pour la prospérité des peuples qu'ils régissaient. Aussi, tous les sages de la Grèce qui voyagèrent en Egypte et dans l'Orient, quoique la plupart nés dans des républiques, laissent unanimement éclater la plus haute admiration pour les anciennes institutions de ces contrées.

Que si l'on concluait de là que je condamne partout le régime républicain, et le gouvernement représentatif, on se tromperait; je n'ai point du tout d'envie de nier l'ancienne richesse de la Hollande, ni la prospérité toujours croissante de l'Angleterre; mais je combats seulement les hommes qui s'imaginent que, hors de là, il ne peut y avoir ni bonheur, ni avancement pour les peuples.

des peuples de la Grèce et de l'Asie, est le gouvernement russe ; je veux dire un gouvernement absolu, mais éclairé et juste. L'empire russe a pour chef un prince qui sait que la multitude ne peut être menée que par degrés de la servitude à l'émancipation ; il sait que cette émancipation est un bienfait tout récent de la seule religion chrétienne, hors laquelle nous trouvons l'esclavage partout et en tous temps, dans les républiques * comme dans les empires. La liberté

---

* Dans toutes les républiques de la Grèce, il y avait plus d'esclaves que d'hommes libres. A Rome, le nombre en devint prodigieux, à mesure que la république étendit ses conquêtes. Spartacus en put faire une armée qui inquiéta ses maîtres. En Grèce comme en Italie, le code des esclaves était d'une atroce barbarie : la croix était le supplice habituel qui leur était réservé ; et ce supplice était à la disposition de leurs maîtres. A Rome, quand un citoyen était tué dans sa maison, tous ses esclaves étaient mis à mort, quoiqu'étrangers au crime. Le nombre des victimes de cette horrible loi s'éleva quelquefois jusqu'à plusieurs centaines. Pour une prévention de crime contre un maître, on mettait ses esclaves à la torture, etc.

Voilà pourtant les grands noms que l'on faisait tant ronfler naguère aux oreilles de notre jeunesse, et qui la bouleversaient. C'est avec cela qu'on la rendait honteuse d'être française, allemande, espagnole ; comme s'il n'y avait pas cent fois plus de liberté dans l'Europe chrétienne,

pour la multitude, n'est donc pas un droit possédé de temps immémorial, et nouvellement arraché par les maîtres de la terre. L'histoire du monde prouve le contraire. Les gouvernemens peuvent donc et doivent même ne la départir aux peuples que graduellement, et selon qu'ils peuvent la supporter. En agir autrement, c'est compromettre autant le salut de ceux qui la reçoivent, que de ceux qui la donnent. C'est une nourriture merveilleuse pour les hommes qu'on y prépare, et qui en usent avec sagesse ;

depuis cinq à six siècles, qu'il n'y en a eu dans toute l'antiquité. Aujourd'hui, cependant, les Grecs et les Romains ont un peu perdu de leur crédit. On a enfin découvert que Brutus et Caton étaient des aristocrates. Ce sont les citoyens des États-Unis d'Amérique qui sont le type des hommes libres. Eh bien, ces fiers républicains ont des esclaves ! et il ne s'en faut de guère qu'ils ne les traitent à la grecque et à la romaine. Quelque chose même d'assez remarquable, c'est que dans les provinces où il y a le plus d'esclaves, savoir, les états du sud, c'est là que se trouvent les plus farouches démagogues. Quand un planteur a fait saigner quelques derrières de Nègres, il ne faudrait pas essayer de lui dire qu'il peut y avoir quelque chose dans le monde au-dessus de lui. Au contraire, dans les états du nord, où il n'y a point d'esclaves, on observe une tendance à l'aristocratie : les hommes sages y entrevoient l'époque où il sera utile d'en constituer une légale.

elle est mortelle pour les autres qu'elle jette dans les convulsions frénétiques de l'anarchie.

Je ne pense pas certainement que les hommes nés à l'orient de l'Adriatique, soient à jamais incapables de jouir de la liberté civile, et qu'ils ne puissent jamais être admis à délibérer sur les intérêts de leur patrie ; mais je crois que ce serait un grand bonheur pour eux, dans ce moment, que de passer sous la tutelle d'un gouvernement aussi ferme qu'éclairé, qui ne leur livrerait que les armes dont ils ne pourraient pas se blesser eux-mêmes.

Note (6), page 20.

Notre commerce avec la Turquie et la Barbarie, qui offrent bien ensemble trois mille lieues de côtes, ne s'élevait guère qu'à 20 millions pour l'exportation, et environ 32 à 33 pour l'importation. Certainement ce n'était pas à dédaigner ; mais celui de la Hollande, dans une centaine de lieues de côtes, nous procurait une exportation de 35 à 40 millions, et une importation de 25 à 30. Ce qui n'empêchait pas que nous ne fournissions aux villes anséatiques pour 60 millions de marchandises, sur lesquelles il y en avait 50 millions en denrées coloniales, et que nous n'en retirassions pour 15 à 20 millions de produits du Nord ; que nos exportations dans les Etats de la maison d'Autriche ne s'élevassent à plus de 3o millions, et les retours à peu près à la même somme ; enfin, que nous ne fissions pour 3o à 36 millions d'expéditions pour le reste de l'Allemagne, avec des retours d'une valeur de 15 à 18.

Que l'on compare cela avec le commerce de la Turquie, et l'on jugera du faible produit des pays barbares sous ce rapport *. Je sais que l'on dira que l'Allemagne avait derrière elle la Pologne et la Russie. Mais la Turquie n'avait-elle pas toute l'Asie ?

Note (7), page 20.

Parmi les erreurs si communes en France, sur ce qui concerne le commerce, je n'en releverai qu'une, mais qui est capitale : c'est cette disposition où nous sommes, de nous laisser éblouir

---

* Il n'y aurait qu'un cas qui ferait exception : ce serait celui où une nation barbare fournirait une grande quantité de métaux précieux. Alors, en supposant qu'on fît un bon usage de ces métaux, ce commerce pourrait être fort avantageux ; car, si on ne s'en servait qu'à payer l'industrie étrangère, cette importation serait plutôt désastreuse qu'utile. L'Espagne l'a prouvé. Peu importe qu'elle dût son or au commerce ou à ses colonies.

par l'attrait d'un commerce lointain , au mépris
du commerce intérieur, qui cependant doit être
le plus favorisé. Je crois qu'il est facile de rendre
cette vérité sensible. Supposons, par exemple, que
par de nouveaux moyens de communications ,
en canaux et en chemins , le transport des vins de
vienne demain beaucoup plus facile et moins coû-
teux en Bretagne, et qu'il s'y en consomme désormais pour un million de plus, par an, que jusqu'à
ce jour ; supposons que ce soit le Languedoc qui
fournisse ces vins, et que la Bretagne les paie
avec ses toiles ; voilà donc les Bretons fournis
d'une liqueur que la nature refuse à leur sol ;
voilà les Languedociens pourvus d'une mar-
chandise qui leur manque. Les uns et les autres
se seront fait payer le transport de leurs denrées.
Changeons à présent la direction de ces vins:
qu'au lieu d'aller en Bretagne, qui n'aura eu ni
nouveaux chemins , ni nouveaux canaux , ils
soient envoyés en Irlande ; les Languedociens
achèteront de la toile comme auparavant, et l'a-
vantage sera à peu près le même pour eux, puisqu'ils auront échangé une production surabon-
dante de leur sol, pour un objet qui leur manque.
Mais les Bretons n'auront point acquis ce vin
qui fait faute chez eux, et ils auront gardé leurs
toiles , dont ils ont de reste. De plus, si les Lan-

guedociens portent leurs vins en Irlande, les Ir-
landais leur porteront leurs toiles, et s'en feront
payer le fret. Dans ce dernier cas, les jouissances
et les bénéfices sont donc partagés entre une province française et une province étrangère ; dans
le premier, ils étaient partagés entre deux provinces françaises.

Note (8), page 21.

On m'opposera peut-être le succès rapide avec
lequel Colbert introduisit les belles fabriques en
France. Mais on oublie qu'il les paya fort cher,
on oublie à quel puissant empire il demandait ces
sacrifices. Et puis fit-il de ces grands sacrifices le
meilleur emploi possible ? C'est ce dont il est
fort permis de douter. Pour moi je suis persuadé
que si ce grand ministre (car on peut faire une
grande faute et être encore un grand ministre),
avait suivi les erremens du grand Sully, et qu'il
eût porté vers l'agriculture, surtout dans le des-
sèchement des marais et l'irrigation des plaines,
les sommes énormes qu'il employa dans les ma-
nufactures de luxe, il eût rendu des services
bien plus grands et plus durables à la France.
Les arts de luxe seraient venus d'eux-mêmes, un
peu plus tard, attirés par la richesse de la terre.

C'est une marche infaillible, mais qu'il ne faut pas intervertir. On ne doit pas oublier que c'est la ferme qui nourrit le château.

Cependant, je dirai à ceux qui traitent Colbert trop sévèrement, qu'il adopta et fit valoir auprès du roi le projet du canal des deux mers, entreprise qui suffirait seule pour illustrer son ministère, s'il n'avait encore d'autres titres nombreux à la reconnaissance des Français.

Note (9), page 25.

Je ne sais toutefois si les Français se contenteront de leur part dans ce nouvel équilibre. En général, ils ne sont pas faciles à satisfaire. Je crains qu'ils ne me reprochent d'être généreux pour les étrangers, et d'être modeste pour mon pays. Que ferons-nous, diront-ils, de cette Sardaigne qui est malsaine et mal peuplée, qui coûte plus de frais à son maître actuel qu'elle ne lui rapporte de bénéfice? — Ce n'est point pour son revenu que je désire la cession de la Sardaigne à la France, je ne la considère que comme un poste maritime, pour observer les Barbaresques, dont la France se décidera tôt ou tard à anéantir le scandaleux brigandage. Toute l'Europe commerçante est intéressée à ce que cette île qui

est en face de la partie de la côte d'Afrique qui
avance le plus dans la Méditerranée, soit occupée par une puissance maritime assez forte
pour imposer une terreur continuelle aux pi-
rates de Barbarie. D'ailleurs, la Sardaigne nous
rapprocherait de nos nouvelles possessions sur
les côtes de la Syrie. Mais on ne va pas man-
quer de s'écrier ici : Qu'avons-nous besoin de
quelques villages ruinés sur cette plage barbare ?
Veut-on rappeler l'époque des croisades ?—Qu'on
ne s'y trompe pas, c'est une croisade qui se prépare, et je veux que vous y contribuiez, en dé-
fendant le Christianisme et la civilisation contre
l'Islamisme et la barbarie ; car ces mots doivent
ainsi aller deux à deux. D'ailleurs, je vous ap-
pelle dans un beau pays, où je veux que vous
fassiez le commerce sur votre propre terrain,
sans être exposés aux avanies d'un pacha ou d'un
aga. Enfin, cet établissement donnerait moyen
d'occuper beaucoup de gens qui en ont grand
besoin. — Mais tant qu'à nous conduire en
Orient, que ne nous mettez-vous en Egypte,
que nous avons possédée, où nous avons laissé
un nom redouté, dans ce pays qui pourrait seul
nous consoler de nos pertes dans les Deux-Indes ?
— Hélas ! c'est positivement parce que vous avez
fait ces pertes et beaucoup d'autres, que je ne puis

demander pour vous l'Egypte. Si vous aviez encore vos immenses revenus de Saint-Domingue, si vous aviez vos escadres de 1789, ce ne serait certainement pas pour d'autres que pour vous que je réclamerais l'Egypte; et dans ce cas, vous pourriez la garder. Mais les temps sont changés. Vous avez voulu une révolution; vous l'avez eue. C'est une belle chose; mais cela se paie en conséquence. Il vous en a coûté vos plus importantes possessions des Deux-Indes, et surtout cette île qui valait mieux pour nous que jamais le Pérou n'a valu à l'Espagne; je dirais presque qu'il vous en a coûté le cap de Bonne-Espérance, Ceylan et la Trinité, puisque ces établissemens sont passés des mains de vos alliés naturels en celles de vos rivaux; j'en dirais autant de Malte et de Corfou. Après tant de pertes, pouvez-vous, de bonne foi, avoir les mêmes prétentions qu'auparavant? Cela n'est pas raisonnable. Mais, un peu de patience; au premier triomphe des radicaux de la Tamise, je promets Gibraltar et la Trinité à l'Espagne, Malte aux Hospitaliers, Corfou aux Grecs, le Cap et Ceylan aux Pays-Bas; vous reprendrez l'Egypte, les Indes, etc. etc. En attendant, faisons ce qui est possible.

FIN.